Ferien unterm Himmelszelt

Ferien unterm Himmelszelt

Camping, das ist meine Welt!

BUCHER

HN-

Lebensart mit Spaßfaktor

Hinaus in die Natur. Eine Zeltplane bedeutet das Dach über dem Kopf, auf der Feuerstelle wird das Essen zubereitet. Bereits in den 20er-Jahren des letzten Jahrhunderts werden Zelte aufgestellt: Kanuten schlagen ihr Lager an Flussläufen auf, Fahrtengruppen ziehen ins Grüne. In den 50er-Jahren geht es mit Fahrrad und Zelt hinaus, Seen stellen bevorzugte Ziele dar. Das Einverständnis des Bauern reicht aus, um am Rande der Weide ein Lager zu errichten. Donnerbalken und Klappspaten ersetzen die sanitären Anlagen. In Zeiten beengter Wohnverhältnisse kommen diese Wochenenden purer Freiheit gleich.

Ferienlager und Freizeiten sind in den 60er-Jahren für viele Kinder und Jugendliche die erste Begegnung mit dem Gefühl, sich Tag und Nacht in der Natur aufzuhalten. Die Kartoffeln werden gemeinsam geschält und nach dem Spüldienst sitzt man am Lagerfeuer zusammen. Geschlafen wird im Schlafsack auf Stroh – natürlich streng nach Geschlechtern getrennt. Alltagssorgen bleiben zu Hause.

‹ Zelt, Klappstuhl, Angel: Wenn es in den Campingurlaub geht, muss alles dabei sein – auch wenn der Platz im NSU Prinz begrenzt ist.

Warum sollte man dieses Gefühl missen, sobald eine Familie gegründet wird? Der Zelturlaub bietet sich oftmals als preisgünstige Alternative an, das kleine Firstzelt wird durch ein geräumigeres Steilwandzelt ersetzt. Viele machen sich auf den Weg. So viele, dass das bislang gängige „Zelte aufschlagen, wo es einem gefällt", nicht mehr geht. Die ersten Campingplätze entstehen: einfach, aber zumindest mit schlichten sanitären Anlagen versehen. Bald wird der Ruf nach besseren Gegebenheiten laut, der Deutsche Camping Club macht sich für Standards auf Campingplätzen stark.

Als die Massenmotorisierung einsetzt, rollen zur Ferienzeit unzählige Caravan-Gespanne über die Straßen. Sind in der BRD 1954 gerade gut 1.000 Wohnwagen zugelassen, zählt man 1965 bereits fast 50.000 Caravans. Neben den traditionellen deutschen Ferienregionen stehen Fernziele auf der Wunschliste: Die Berge und Seen Österreichs werden zur Verlockung. Doch der Traum heißt Italien. Reicht der Stauraum der Autos nicht aus, wird die Ausrüstung per Post vorausgeschickt. Der NSU-Lido Cavallino bei Venedig beherbergt Tausende von Gästen, mit Korbflaschen und dem Geschmack von Pasta und Pizza auf der Zunge kehrt man heim, um im folgenden Jahr wieder an die Adria zu fahren. Viele Familien steuern alljährlich den gleichen Platz an, Freundschaften werden geschlossen, die mitunter ein Leben lang andauern.

Die wilden 60er-Jahre machen die Studenten mobil. Mit Kasten-Ente und R4 wird Europa erfahren, selbst ausgebaute VW-Busse werden bis nach Indien und Afrika gelenkt. Die ersten Wohnmobilausbauer bringen Schick in den Bus, mit Bett, Frischwasser und Campingtoilette geht es auf Tour. Der aufkommende Pauschaltourismus ist keine wirkliche Konkurrenz: Camping hat sich zu einer Lebensform entwickelt, die gepflegt wird. Schon die Ankunft auf einem neuen Platz ist nicht anonym. Ob beim Ausrichten des Wohnwagens oder auf der Suche nach Zapfstellen: Neuankömmlinge können sich der Hilfe der Nachbarschaft gewiss sein. Kinder finden während des Campingurlaubs ihr Paradies. Der Platz will erkundet werden und Freunde sind schnell gefunden. Während die Eltern die Klappstühle testen, ist der Nachwuchs unterwegs und kommt mit Sicherheit wieder, wenn der Magen knurrt.

In der DDR entwickelt sich Camping zu einer beliebten Alternative zur betrieblich gelenkten Ferienplatzvergabe – obwohl die Ausrüstung kostspielig ist. Doch wer einmal im Besitz von Zelt oder Wohnwagen ist, fährt immer wieder los. Zwar entscheidet eine zentrale Vergabestelle darüber, ob man auf seinen Wunschplatz kommt, doch ist man im Ausland frei bei der Platzwahl. Was für Westdeutsche die Adria, ist für die Camper östlich der Elbe bald der Plattensee in Ungarn: ein Versprechen auf Sommer, Sonne und See.

Schnell sind die Zeiten vorbei, in denen ausrangierte Töpfe und Porzellangeschirr die Ausstattung bestimmen. Stammen die ersten Ausrüstungsgegenstände oft noch aus Armeebeständen, greift man später in speziellen Läden für Campingausstattung zu. Unzerbrechliches Kunststoffgeschirr spart Gewicht, Kochgeschirr aus Aluminium wird im Set angeboten, Luftmatratzen weichen Isomatten. Jahrelang wird darüber diskutiert, ob Benzin- oder Gaskocher bessere Brennwerte versprechen. Die blauen Stechkartuschen von Campingaz treten ihren internationalen Siegeszug an. In Caravans und Reisemobilen sorgt Propangas für die Befeuerung von Herd und Heizung.

Lang schon ist Camping nicht mehr allein auf die Sommermonate beschränkt. Wintercamping im Schnee findet regen Zulauf, entsprechende Campingplätze müssen vorgebucht werden. Die ersten Luxusplätze schießen aus dem Boden. Reisemobilisten

steuern zunehmend Stellplätze an, sind die Zeiten des wilden Campens doch vorbei. Caravaner sind weiterhin auf Campingplätze abonniert. Manche richten sich als Dauercamper fest ein und genießen das kleine Glück am Wochenende.

Mehr als 1,1 Millionen Reisemobile und Caravans sind heute in Deutschland zugelassen, dazu kommen 370.000 fest stehende Wohnwagen. Die einfachen Campingplätze der Anfangszeit haben sich zu Ferienlandschaften entwickelt, der Gasgrill ersetzt die Feuerstelle. Ob Hightech-Zelt, Reisemobil oder Caravan – alle bedeuten ein Dach über dem Kopf. Und wie vor fast 100 Jahren geht es immer wieder hinaus in die Natur. Weil Camping Spaß macht.

^ Mit Zelt und Bulli in die Welt: Der VW-Bus wird in den 70er-Jahren für eine ganze Generation zum Inbegriff der mobilen Freiheit.

Auf in die Ferien: Auf einem Plakat wirbt der Konsum 1959 mit Motiven zum Sommerurlaub.

Gut behütet und beschirmt: Am Strand des Zeltplatzes von Prerow darf man die Hüllen fallen lassen. FKK ist zu DDR-Zeiten bei den Urlaubern ausgesprochen beliebt.

❮ Bauch einziehen: Wer 1958
❯ auf dem Zeltplatz auf der Halbinsel Cap Ferrat an der Côte d'Azur Eindruck machen will, muss sich in Form bringen.

- Der dritte Mann ist schnell gefunden: Auf einem Zeltplatz an der Ostsee wird im Juni 1961 eine Runde Skat gekloppt.

› Platz ist in der kleinsten Hütte: 1966 wird ein Dachzelt vorgestellt, das selbst auf einen NSU Prinz passt. Zwei Erwachsene und ein Kind finden Platz.

HH-WM 362

MPING

❮ Das Haus kommt aufs Dach: Auf einer Pariser Messe wird 1958 ein Zelt angeboten, das groß genug für zwei Erwachsene und ein Kind ist.

⌄ Caravan ahoi: Mit dem Wohnwagenboot geht es 1954 hinaus auf den Berliner Wannsee. Für die Fortbewegung sorgt ein kleiner Außenbordmotor.

Mit festem Dach über dem Kopf: 1954 eröffnete nahe Pack in der Steiermark das erste Camping-Motel. Den Zeltaufbau konnte man sich hier sparen.

Der Kombi als Wohnmobil: In England wird 1970 der Ford Escort Turnier mit ausklappbarem Schlafdach angeboten. Geschlafen wird in der ersten Etage.

⌄ Mit dem Zelt an den Rhein zu fahren ist ein Traum, der Wirklichkeit wird: Schon 1959 verzeichnet der Campingplatz von Rüdesheim im Sommer über 60.000 Gäste.

› Camper ohne Grenzen: Schweizer und deutsche Zelter treffen sich 1957 auf dem Zeltplatz von Castelfusano bei Rom. Italien verspricht einen Sommer voller Sonne.

BS
18635
CH
KA-AN 809

Alternative zum Zelt: Auf dem Intercampingplatz von Leipzig können 1973 Finnhütten angemietet werden. Bei den Hütten reicht das Dach bis zum Boden.

Ordnung muss sein: Nahe der Thülsfelder Talsperre bei Cloppenburg wacht 1958 ein berittener Polizist darüber, dass nicht wild gecampt wird.

‹ Der schönste Platz ist immer an der Theke: Urlauber löschen 1961 auf dem Zeltplatz „Monte Antenne“ bei Rom ihren Durst. Nur, dass die Kaffeetassen nie voll sind, stört.

› Camping statt Kanzleramt: 1973 bereitet die junge Angela Kasner, später Merkel, beim Zelten im brandenburgischen Himmelpfort das Essen zu.

‹ Nur wenige Schritte bis zum Wasser: Dicht gedrängt stehen die Wohnwagen auf dem NSU-Lido Cavallino bei Venedig, doch Schatten bekommt jeder ab.

⌄ Mach mal Pause: Auf einem Autobahnrastplatz stärkt sich ein junge Familie für die Weiterfahrt zum Urlaubsort.

› Man kann ja in die andere Richtung schauen: Nicht alle Campingplätze waren 1968 in landschaftlich schönen Regionen angesiedelt.

› Warum es am Rhein so schön ist? Auf dem Zeltplatz am Rheinufer scheinen Kölner Dom und Rheinbrücken zum Greifen nah zu sein.

Das Ruhrgebiet ist grüner als gedacht: In der Nähe von Mülheim erholen sich 1969 Camper am Rande der Ruhr. Viele haben sich häuslich eingerichtet.

In den 60er-Jahren gehört leichtes Kochgeschirr aus Aluminium zur Grundausstattung. Frischwasser wird im praktischen Wasserbeutel gebunkert.

Im Trend der Zeit: Bereits 1961 bietet VW den Transporter mit Campingausstattung an. Campen gewinnt an Komfort und Mobilität.

Sonne, Meer und Strand: Franz Beckenbauer schöpft Anfang Juli 1968 im italienischen Badeort Riccione Kraft für die Fußball-Europameisterschaft.

Geselligkeit wird schon in den 70er-Jahren groß geschrieben. Auf einem Campingplatz bei Schotten der Äppelwoi nicht fehlen.

Kleine Wäsche, große Wäsche: An der Adria gehören Wäscheleinen schon in den 60ern zum gewohnten Anblick. Das Planschbecken ist ein willkommener Luxus.

❮ Meerblick inklusive: Dicht stehen die Wohnwagen auf dem Campingplatz Lido Cavallino bei Venedig. Der Weg zum Strand ist nah.

❯ Der Reiz des Reisens: Mit Motorroller und Zelt lassen es sich die beiden Damen an einem Bergsee gut gehen. In den 50ern sind allein reisende Frauen eine Ausnahme.

Grillvergnügen 1957: Mit dem Blasebalg wird dem Brathähnchen krätig eingeheizt. Vor dem Zelt sorgt ein Sonnensegel für Schatten.

Sport am Strand: In den 60er-Jahren wird überall Volleyball gespielt, auch am Strand des Ostseebads Kühlungsborn. Mannschaften finden sich schnell zusammen.

Alles inklusive: Urlauber können 1967 am Lütsche-Stausee im Thüringer Wald die komplette Campingausrüstung mieten. Selbst die Leuchte ist dabei.

Multitalent von 1959: Dank Schnellverschlüssen lässt sich der Dachgepäckträger auch in einen Tisch, eine Liege oder sogar in ein kleines Boot verwandeln.

- Schon 1959 bietet die Kirchengemeinde Ingelheim Gottesdienste auf dem Zeltplatz an. Besucher sind auch in Badekleidung willkommen.

- Mit Gottes Segen ohne Regen: Im August 1961 wird im Badeort Fregene bei Rom am Sonntag eine Messe unter freiem Himmel abgehalten.

❮ Generalprobe: Vor der Fahrt auf den Zeltplatz probiert der Nachwuchs schon mal den Aufbau aus. Das sieht schon professionell aus.

❯ Das Segelboot auf dem Dachgepäckträger, der Wohnwagen am Haken: Mit dem Käfer geht es 1956 zum Campingurlaub ans Meer.

HB-HC 106

‹ Saisoneröffnung am 30. April 1961 in Melbeck bei Lüneburg: Etwa 1.000 Camper sind mit über 300 Zelten und Wohn-wagen angereist. Die Enge stört niemanden.

› Begehrte Schattenplätze: Anfang der 60er-Jahre entdecken viele West-Deutsche die Sonnenseiten der Adria. Das Wirtschaftswunder sorgt für volle Urlaubskassen.

⌄ Geordnetes Chaos: Die Campingplätze an der italienischen Adria gelten als Traumziel deutscher Urlauber. Wer es sich leisten kann, fährt in den Ferien über die Alpen.

› Heiße Ware: Deutsches Brot ist 1964 im Lande der Paninis begehrt, nicht alle Urlauber trauen der fremden Küche Italiens über den Weg.

Specialitat:
Deutsches
Brot!!!

Lloyd
D
KR-R 924

‹ Naherholung 1958: Der viel besungene Rhein ist eine Reise wert, am Ufer findet sich schnell ein Platz für Zelt und Auto. Und wenn es nur für ein Wochenende ist.

⌄ Deutsche Vereinigung im Kleinen: 2002 freundet sich eine Familie aus Baden-Württemberg mit Camp-Nachbarn aus den neuen Ländern an.

Ferienlager: Mannschaftszelte beherbergen in den 50er-Jahren die Teilnehmerinnen eines Zeltlagers im Berliner Grunewald.

Prospektidylle: 1962 werden in der DDR Campingartikel beworben. Nun musste man sich nur noch für einen Zeltplatz bewerben, damit es losgehen konnte.

⌄ Freunde sind schnell gefunden: Im Juli 1986 treffen sich Kinder zum Ballspiel auf dem Campingplatz von Frankfurt-Heddernheim.

› Gerade bei Jugendlichen steht Zelten hoch im Kurs. Auf dem Campingplatz Kelbra am Kyffhäuser wir die kleine Freiheit genossen.

˅ Decken lüften, Kaffee trinken: An der Talsperre Malter in der Sächsischen Schweiz stärken sich 1973 Jugendliche für den Tag.

› Traumziel Ostsee: Auf dem Zeltplatz von Altenkirchen auf Rügen kann man 1978 sein Zelt noch direkt an der Düne aufbauen.

ATLANTIC
ATLANTIC
QUICK

Reisefreiheit in der DDR anno 1980: Am Dacia hängt ein Bastei-Wohnwagen, als Standplatz reicht ein Stück Wiese am Waldrand.

Made in GDR: In Rosenthal wurden ab 1974 die neuen „Bastei 1“-Wohnwagen gebaut. Für den Preis von stolzen 14.000 Mark musste man etwa ein Jahr lang arbeiten.

‹ Leseratte in der Hängematte: Auf dem Campingplatz Altenkirchen im Norden der Insel Rügen vertreiben sich Kinder die Zeit mit der Lektüre von Büchern.

› Ein Wasserloch erspart das Waschhaus: 1978 geht es auf vielen Zeltplatzen noch sehr einfach zu, doch aufs Zähneputzen wird nicht verzichtet.

‹ Einfallsreich: Auf dem Zeltplatz Hirtenwiese am Langer See in Berlin-Treptow dient 1964 ein Erdloch als natürlicher Kühlschrank.

⌄ Entspannung auf der Luftmatratze: Das Zelt steht, die Wäsche hängt auf der Leine – jetzt ist Zeit für ein Sonnenbad.

‹ Folklore inklusive: Ein Dudelsackpfeifer führt seine Künste auf einem Campingplatz in den italienischen Abruzzen vor. Der Lohn von ein paar Lire ist ihm sicher.

⌄ Gemeinsam Wandern, gemeinsam Zelten: Im Elbsandsteingebirge campen 1982 tschechische und polnische Jugendgruppen zusammen an der Elbe.

❮ Hand anlegen für den Urlaub: Im April 1974 wird ein Betriebscampingplatz an der Talsperre Malter bei Dippoldiswalde bezugsfertig gemacht.

❯ Seit 1974 wurden im IFA-Karosseriewerk Rosenthal Bastei-Caravans gefertigt. In der BRD kannte man die Wohnwagen teilweise auch unter dem Namen Oase.

Perfekt eingerichtet: Die Caravaner der ersten Stunde haben ihre Ausrüstung komplettiert. Der Komfort steht dem der heimischen Stube kaum nach.

Bella Italia: In den 70er-Jahren sind auf dem Campingplatz am NSU-Lido Cavallino bei Venedig nur in der Nebensaison freie Plätze zu bekommen.

‹ Das Urlaubsziel vor Augen: 1962 bewirbt diese Dame im Badeanzug einen Campingtisch, auf dessen Platte eine Karte Italiens abgebildet ist.

› Wann mag der Sommer endlich kommen? Im Jahr 1955 scheint die Sonne erst ab Juli, vorher dient die Luftmatratze eher als Wetterschutz.

Mit Fahrrad und Zelt in die Natur: 1961 reichte die Genehmigung des Bauern aus, um sein Zelt auf einer Weide aufzustellen. Campingplätze waren noch rar.

Der Campingplatz von Prerow auf dem Darß gehörte 1966 zu den beliebtesten Zeltplätzen an der Ostseeküste. Besonders FKK-Anhänger schätzten die Freiheit in den Dünen.

‹ Der Zeltplatz in Kohlhasenbrück bei Wannsee liegt 1963 direkt an der Berliner Sektorengrenze. Schild und Mauer zeigen an, wo der amerikanische Sektor endet.

› Campen heißt nicht verwildern: Auf einem Zeltplatz an der Großen Krampe nahe des Berliner Müggelsees sorgen 1975 Kamm und Spiegel für eine perfekte Frisur.

❮ Leben am See: An der Großen Krampe am Müggelsee findet 1975 das Campingleben am Wasser statt. Bei schönem Wetter geht es mit dem Boot hinaus zum Segeln.

❯ Urlaub für die ganze Familie: Am Zeuthener See in Berlin-Schmöckwitz ist 1981 Entspannung angesagt. Nicht nur der Nachwuchs hat Spaß dabei.

Wie mit dem Lineal gezogen wirkt das Campingareal von Laboe an der Ostsee: Auf abgegrenzten Parzellen haben alle Camper gleich viel Platz zur Verfügung.

Ein ganzer Sommer an der Ostsee: Die Dauercamper haben sich fest eingerichtet. Der Weg zum Strand ist nah.

Ob mit Zelt oder Wohnwagen – die dicht stehenden Bäume auf dem Campingplatz am Zeuthener See bieten sich 1981 dazu an, Wäscheleinen zu spannen.

Paddeln oder Baden? Das seichte Wasser am Ostufer der Müritz lädt in den 80er-Jahren zur Erfrischung ein. Viele Camper nehmen ein Boot mit in den Urlaub.

80
SP 38-65

‹ Mit dem Klappfix nach Usedom: 1985 bietet der in der DDR produzierte Klapp-Wohnwagen einen guten Kompromiss zwischen Zelt und Caravan.

⌄ Binnengewässer: Der Süße See bei Seeburg im Mansfelder Land ist 1982 ein beliebtes Naherholungsgebiet. Der Campingplatz am Ufer ist gut besucht.

Flaniermeile: Vom Campingplatz am Ufer des Süßen Sees ist es nicht weit nach Seeburg. Während eines Spaziergangs lassen sich gleich die Einkäufe erledigen.

Zum Sonnen nach Sylt: In den Dünen von Rantum hat eine Frankfurter Familie ihre Zelte aufgeschlagen. In den 60er-Jahren gelten Caravans noch als Luxusartikel.

F-DM 462

‹ Camper-Nachwuchs: In den 60er-Jahren bereiten sich Kinder auf einer Feuerstelle ihr Essen zu. Ein Wochenende mit dem Zelt versprach Abenteuer.

⌄ Im Damenzelt geht es spartanisch zu: 1935 ersetzen Decken den Zeltboden, für Unterhaltung sorgt das mitgebrachte Grammophon.

Frühe Zeltler: 1907 ist Camping ein Freizeitvergnügen, das allein gut Betuchten vorbehalten ist. Gezeltet wurde in der freien Natur.

Frühe Frauenpower: Beim Abbau des Zeltes helfen alle mit, mit dem Wagen geht es dann zurück nach Berlin. Zeltende Frauen sind 1935 eine Ausnahmeerscheinung.

Das Akkordeon ersetzt die Animation: Auf dem Campingplatz Gatsch-Eck am Tollensesee findet 1975 ein Kinderfest statt. Nicht nur die Kleinen sind begeistert.

Hauptsaison: Auf dem Campingplatz im Seebad Prerow auf dem Darss stehen im Sommer 1980 die Zelte so dicht, dass man kaum noch die Ostsee sehen kann.

‹ Mit Windschutz und Bikini-Wimpeln: Beim Campingurlaub in Prerow wird manches improvisiert, doch das gemeinsame Essen gehört zum festen Tagesablauf.

⌄ Moderne Zeiten: Zwischen Schilf und Dünen lässt sich 1970 die traute Zweisamkeit in Prow genießen. Ein Kofferradio sorgt für die Musik.

UWR RUHLA

‹ Mit dem Koffer an den Strand: 1983 ist Prerow der einzige Zeltplatz an der DDR-Ostseeküste, auf dem Campen in den Dünen gestattet ist. Das Gepäck muss jedoch getragen werden.

› Während der Wendezeit in Prerow: Leere Bierdosen und Flaschen werden 1990 einfach neben einem Zelt deponiert und liegen gelassen.

‹ Sonnenbad vorm Igluzelt in Prerow 1990:
Nur die Ausstattung wird nach der Wende aktualisiert, die Feriengebiete bleiben dieselben.

⌄ Schlange stehen für Westprodukte: Nach der Einführung der D-Mark im Juli 1990 werden auch in Prerow Konsumartikel aus dem Westen angeboten.

Das Bier in Reichweite, der Haussee nicht weit. Auf dem Zeltplatz Hüttenberg in Feldberg hat sich Anfang der 80er-Jahre eine gesellige Runde zusammengefunden.

Es hat geklappt: Camper haben sich 1978 zum gemeinsamen Urlaub auf dem Zeltplatz in Boek an der Müritz verabredet. Die Plätze mussten vorab reserviert werden.

1970er-Jahre: Der kleine Gitarrist zeigt beim Konzert der Neubrandenburger Blasmusikanten auf dem Zeltplatz Gatsch-Eck, auf welche Musik er steht.

Das Gummiboot ist immer dabei: Der Strand des Zeltplatzes von Gatsch-Eck am Tollensesee war in den 80er-Jahren ein beliebtes Ziel an sonnigen Tagen.

⌄ Ob mit oder ohne Boot: Auf dem am Ostufer der Müritz gelegenen Zeltplatz lässt sich 1982 das schöne Wetter genießen.

› Für Kaffee und selbstgebackenen Kuchen ist 1972 immer Zeit. Serviert wird auf Porzellangeschirr, ein untergelegtes Kissen macht den Campingstuhl bequemer.

Kondens-
vollmilch

‹ 1971 in Lauenburg: Trotz Wohnwagen und Vorzelt spielt sich beim Campen das Leben draußen an der frischen Luft ab. Frischen Kaffee gibt es aus der Thermoskanne.

› Mit dem Fahrrad an den Strand: Die Halbinsel Darß bietet sich für Radtouren an. Feiner Sand gehört zu den Vorzügen des Regenbogen-camps in Prerow.

‹ Zeitenwende: Auf dem Stellplatz von Ahrenshoop parken im Sommer 1990 die Reisemobile. Mit dem Wohnmobil lassen sich bequem ganze Landstriche erkunden.

⌄ Strandversorgung im Sommer 1990: Die Urlauber am FKK-Strand im Ostseebad Prerow stillen ihren Hunger mit einer deftigen Mahlzeit aus der Gulaschkanone.

⌄ Das Auto als Teil des Zeltes: In den 50er-Jahren wirkt manche Zeltausrüstung noch improvisiert, gekocht wird auf der Feuerstelle.

› Korrekte Etikette: Auch beim Zelten am Bergsee wird in den 50er-Jahren die Kleiderordnung eingehalten. Man will ja keinen schlechten Eindruck hinterlassen.

R104-273

⌄ Die Gitarre ist immer dabei: Auf jedem Zeltplatz findet sich jemand, der ein Instrument dabei hat. Nicht erst am Abend werden Lieder angestimmt.

› Mit Seeblick: Am Ufer des Plauer Sees stehen Zelte dicht gedrängt. Schon 1984 zählt die Mecklenburger Seenplatte zu den beliebtesten Urlaubszielen.

⌄ Haus dabei: Ein Dachzelt für den Trabant gehörte in der DDR zu den begehrten Campingutensilien.

› Früh übt sich: 1965 versuchen sich zwei Jungen am Aufbau eines Zeltes. Die ersten Handgriffe sehen vielversprechend aus.

❯ Zu Pfingsten '83 an die Rennstrecke: Mit Zelt und Wohnwagen geht es zum Bergringrennen in Teterow in der Mecklenburgischen Schweiz.

❯ Zelte für jeden Geschmack werden 1970 auf einer Ostberliner Ausstellung präsentiert. Trotz der hohen Preise herrscht reges Interesse an Campingartikeln.

‹ Urlaub der guten Laune: Die beiden Frauen können ihrem Zelturlaub in den frühen 80er-Jahren offensichtlich nur positive Seiten abgewinnen.

⌄ Gut vorbereitet für die Fahrt ins Blaue: Der Picknickkoffer aus den 30er-Jahren enthält nicht nur Teller und Besteck, sondern auch eine Thermoskanne und Kochgeschirr.

‹ Wo der Himmel immer blau ist: Hat der Käfer die Strecke bis nach Italien gut überstanden, lässt es sich leicht entspannen.

› Ist der Wind zu stark, hilft die Glut: In einem Café am Gardasee zündet sich eine Urlauberin ihre Zigarette mit der Glut eines anderen Glimmstengels an.

‹ Nach dem Bad im Meer wird gelesen: Die mitgebrachte Reiselektüre versüßt die Zeit, die der Badeanzug zum Trocknen benötigt.

› Strandküche: Unterwegs, das Magazin für Wandern, Bergsteigen, Zelten und Reisen gibt bereits 1960 Ratschläge, wie die Suppe auch mit einfachen Mitteln gelingt.

Milch macht müde Männer munter: Gemeinsam frühstückt 1967 auf dem Campingplatz von Dierhagen eine Gruppe junger Männer vor ihren Zelten.

Stau vor dem Rügendamm: Der Engpass auf dem Weg nach Rügen ist 1966 die Ziegelgrabenbrücke. Die alte Zugbrücke wird abwechselnd für Autos und Schiffe geöffnet.

Sonderfahrt

‹ Wohlfühlfaktor Strandkorb: Auch wenn es am Ostseestrand von Ahlbeck auf der Insel Usedom eng zugeht, lässt es sich im angemieteten Strandkorb gut aushalten.

⌄ Nachmittagsstimmung in den Prerower Dünen: Wem es im Vorzelt zu warm wird, der setzt sich zum Kaffeetrinken an die frische Luft.

- Filmreif: 1962 gehen Heinz Erhardt, Harald Juhnke, Karin Dor und Ann Smyrner unter die Camper – zumindest in der Komödie „Ohne Krimi geht die Mimi nie ins Bett“.

- Alle wollen ans Meer: Auf dem Weg nach Rügen geht es für die Urlauberkarawane nur im Schritttempo vorwärts. Rügen ist eines der beliebtesten Ferienziele der DDR.

YY 17-93
EL 18-92

‹ Wie an einer Perlenschnur aufgereiht: Reisemobile und Wohnwagen auf dem Caravancamp „Ostseeblick“ in Dranske auf der Halbinsel Wittow an der Ostsee.

› Campen an der Biegung des Flusses: Eine Vase mit frisch gepflückten Feldblumen gehört in den 60er-Jahren ebenso dazu wie eine gebügelte Tischdecke.

85.000 Besucher pilgern an den Nürburgring: Rund um das Festival „Rock am Ring“ entsteht jedes Jahr eine Zeltstadt.

Ohne Berührungsängste: Zwar geht es in den 80er-Jahren auch auf dem Zeltplatz Boek an der Müritz eng zu, doch wird gute Nachbarschaft groß geschrieben.

❮ Erholung am Ufer des Main: Dauercamper haben sich im unterfränkischen Miltenberg ihre Oase der Ruhe geschaffen. Die begehrtesten Plätze befinden sich vorn am Wasser.

❯ Familienbande: Zelten mit der ganzen Familie ist ein Erlebnis. Besonders für Kinder sind Campingplätze ein Abenteuerland, in dem die Alltagsregeln gelockert werden.

Die Aufkleber am Heck sind sichtbare Spuren von Reisefieber. Jede Abbildung weckt Erinnerungen und der Wackeldackel ist ein treuer Reisebegleiter.

Zeigt her eure Füße: Wenn Eltern und Kinder unter einer Decke stecken, ist Ferienspaß vorprogrammiert. Gemeinsam zu zelten gehört zu den schönsten Kindheitserinnerungen.

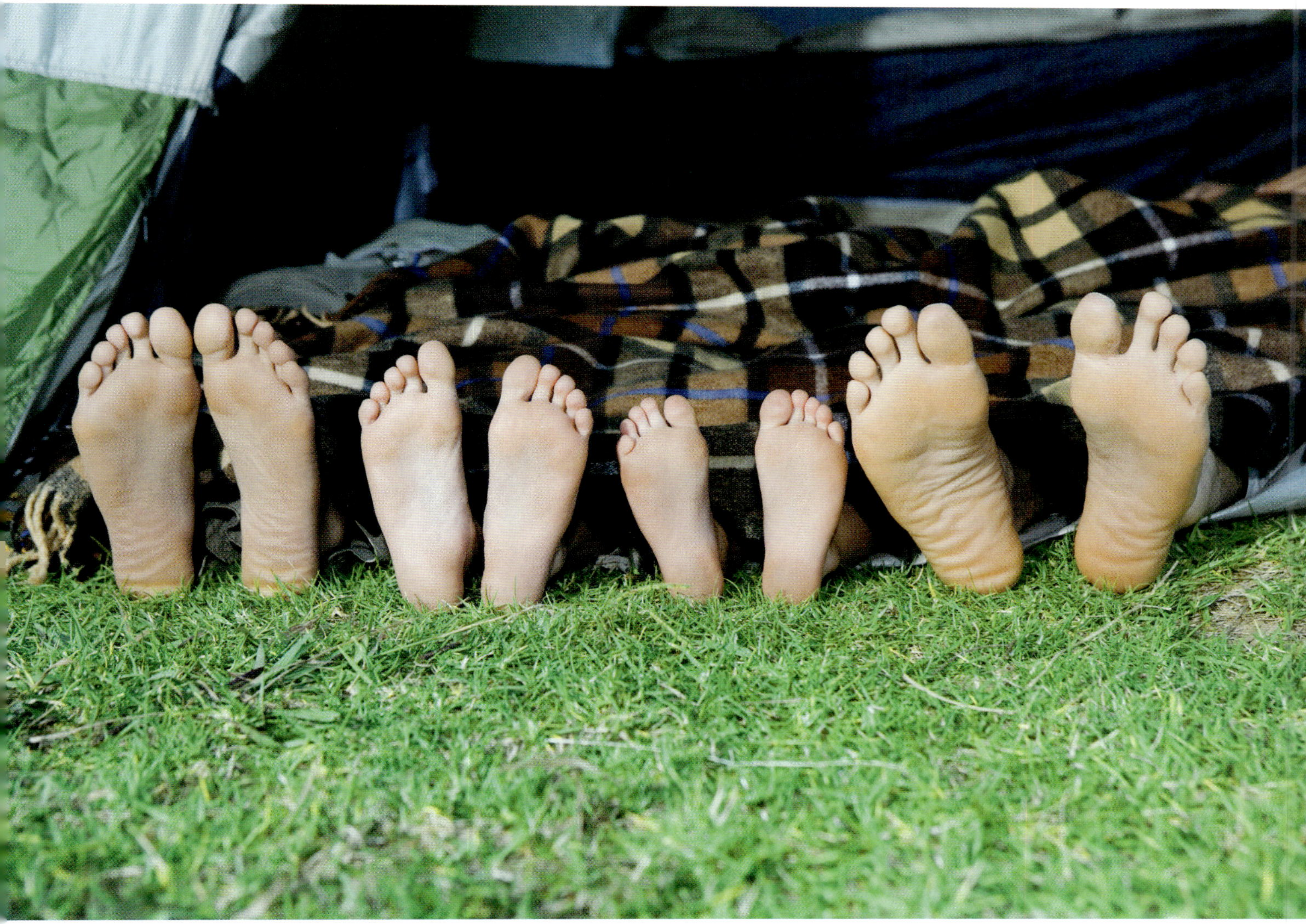

Frühstück in Seehof am Schweriner See: Mecklenburg-Vorpommern hat Bayern den Rang als beliebteste deutsche Campingregion abgelaufen.

Die Standortfrage sollte vor dem Zeltaufbau geklärt sein: Bei Sonne spendet das Geäst des nahen Baumes Schatten, bei Regen tropft es ständig auf das Zeltdach.

Pflege muss sein – auch auf der Parzelle dieses Dauercampers in Laboe darf das Gras nicht allzu wild sprießen. Ein Rasenmäher ist schnell bei der Hand.

Nie allein: Gartenzwerge haben längst ihren Weg auf die Parzellen der Dauercamper gefunden. Bei unserem Rasen-mäher-Mann wachen gleich mehrere über ein frisches Beet.

Camper kennen kein schlechtes Wetter, sondern nur unzureichende Ausrüstung. Unter einer Plane lassen sich auch dem Sommer 2011 am Edersee gute Seiten abgewinnen.

Große Wäsche vor dem Beginn der großen Ferien: Vor der Urlaubssaison wird der Caravan in einer Waschbox von innen und außen auf Hochglanz gebracht.

Watt-Warten: Am Rande des Campingplatzes von Schillig im Kreis Friesland beobachten Camper die Vogelschwärme über dem Wattenmeer.

Auf der Suche nach der Sonne: Der Sommer 2011 zeigt sich zwar nicht von seiner besten Seite, doch mit Kaffee und Pullover lässt sich auch ein Tief ertragen.

❮ Essen fassen: Zwei Tische werden zusammengeschoben und schon gibt es Mittagessen für alle. Gemeinsam schmeckt es eben am besten.

❯ Warten auf den Lebenssaft: Zu Beginn der Ferienzeit 1970 ist der Andrang an der Autobahntankstelle Bruchsal so groß, dass es zu 20-minütigen Wartezeiten kommt.

Linientreuer Willkommensgruß: 1953 werden Urlauber im Ostseebad Göhren mit Parolen begrüßt. Nicht jeder Arbeiter kommt in den Genuss eines Ferienplatzes auf Rügen.

Zelt mit Rädern: Im August 1985 steht ein „Camptourist“ mit Zusatzdach am Strand von Prerow. Der Anhänger lässt sich schnell zum Wohnzelt umbauen.

‹ Gemeinsam stark: Ende der 40er-Jahre bauen Jugendliche mit vereinten Kräften ein Zelt auf. Sommerlager sind für viele die einzige Möglichkeit, Ferien zu machen.

⌄ Ob Neuigkeiten aus aller Welt oder die aktuelle Hitparade: Das Kofferradio hat in den 70er-Jahren seinen festen Platz auf den Campingplätzen.

Mit Gummiboot und Pinguin: Auf der Nürnberger Spielwarenmesse wird 1962 für schwedische Campingutensilien geworben.

Die mobile Kühlbox ist der letzte Schrei für den Urlaub an der Adria. Allerdings sind die elektrischen Anlagen vieler Campingplätze kaum auf Zusatzverbraucher ausgelegt.

‹ Wer ist die Schönste im ganzen Land? Mit Kamm und Taschenspiegel wird die Frisur gerichtet. Auch beim Campen wird die Schönheitspflege nicht vernachlässigt.

› Modischer Schick für den Zeltplatz: Auf einer Ausstellung wird unter anderem auch Bekleidung für die moderne Camperin gezeigt.

⌄ Reklameversprechen: Wenn es den Damen im Wohnwagen auch bei Schnee so heiß wird, müssen Isolierung und Heizung des Caravan gut sein.

› Im Bann der Berge: Mit Bikini-Mädchen wird für die Urlaubsform Camping geworben. Lange vor der Erfindung von „Outdoor" geht es um alles, was draußen Spaß macht.

Das wird eng: Zu viert teilen sich diese Herren ein einfaches Zelt. In den 20er- und 30er-Jahren waren hauptsächlich Bootssportler mit Zelten unterwegs.

Claus Biederstaedt wickelte 1956 seine Filmpartnerin Susanne Cramer in dem Film „Kleines Zelt und große Liebe“ um den Finger.

Auf dem Zeltplatz Boek wird 1976 im Verkaufswagen frischer Fisch angeboten. Eine willkommene Abwechslung für den Speiseplan, sodass es sich lohnte, auch einmal längeres Anstehen in Kauf zu nehmen.

Futter für Geist und Seele: Auf einem Campingplatz an der Müritz stöbern 1976 Gäste in den Bücherkisten, um die passende Urlaubslektüre zu finden.

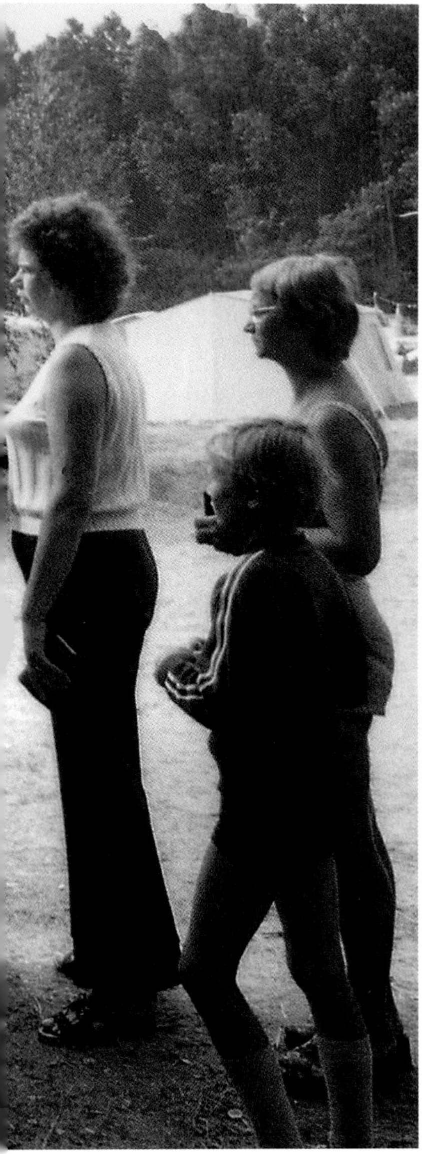

Frühstück auf dem Zeltplatz „Hüttenberg" im Kreis Neustrelitz, 1987 einer der schönsten Plätze Neubrandenburgs.

Der zur Feldberger Seenlandschaft gehörende „Breite Luzin" mit seinem klaren Wasser ist 1987 ein Magnet für Camper und Wassersportler.

‹ Musik, bis die Zeltwand wackelt: 55.000 Besucher kommen 2012 zum „Southside- Festival" in Neuhausen ob Eck. Die meisten haben für die Nacht ein Zelt aufgebaut.

› Tipi toppi: Beim Treffen des Deutschen Indianistikbundes am Seddiner See zelten rund 1.000 Personen in Tipis und stellen 10 Tage lang das Leben der Indianer nach.

Ruhe vor dem nächsten Sturm: Besucher des Greenville-Festivals im Havelland schützen sich vor der Mittagshitze. Drei Tage lang spielen auf zwei Bühnen die Live-Bands.

Gemischtes Doppel: Das Coupé von Goggo stammt aus der BRD der Wirtschaftswunderzeit, der Wohnwagen Weferlinger Heimstolz wurde 1973 in der DDR gebaut.

‹ Idylle vorm Wolkenkratzer: 1963 findet der Wohnwagen dieses Campers noch einen schattigen Platz in direkter Nähe des Hotels Intercontinental in Frankfurt.

⌄ Variationen von Syphons: Bei der Installation der Spülbecken waren der Fantasie der Klempner kaum Grenzen gesetzt – Hauptsache, das Wasser läuft ab.

Protest mit Zelt: Um auf die Wohnungsnot für Studenten aufmerksam zu machen, veranstaltet der Bundesverband Liberaler Hochschulgruppen 2012 eine Aktion vor der Berliner Humboldt-Universität.

Zeitweilig Insulaner: Auf der Grav-Insel bei Wesel stehen Wohnmobile und Mobilheime bis an den Deich heran – mit 2.800 Stellplätzen einer der größten Campinglätze Deutschlands.

Mobilheime statt Wohnwagen: 1977 werden auf der Insel Rügen bei Mönchgut einfache Bungalows an Feriengäste vermietet. Hauptsache, man ist der Ostsee nah.

Einfach, aber begehrt: Bungalow-Siedlungen boten für die Ferien ein Dach über dem Kopf, ohne eine Zeltausrüstung zu benötigen.

❮ Die Ausflugs-Attraktion: Die Leuchttürme von Kap Arkona stellen eines der Wahrzeichen von Rügen dar. Sie gehören zu den meistfotografierten Motiven der Insel.

❯ Anders Reisen: Mit dem VW Bus werden selbst Fernziele angesteuert. Dieser alte T1 hat es bis auf einen Zeltplatz in Marokko geschafft.

Ein Versandhauskatalog bewirbt Haushaltsartikel aus Kunststoff. Leicht und unzerbrechlich werden diese gern zum Campen verwendet.

Reizvolle Reiseartikel: Alles, was man zum Campen benötigt, lässt sich 1965 in der DDR über ein Versandhaus bestellen. Doch muss man sich die Luxusartikel auch leisten können.

Bungalows im Wald: ein Ferienlager für Kinder in Trassenheide an der Ostsee (August 1970).

Das bisschen Schnee kann doch nicht schrecken: Der Winter-Campingplatz Olsberg ist auch im Januar belebt. Wintercamping erfreut sich immer größerer Beliebtheit.

⌄ Noch glänzt er: Der 1987 auf einer Camping-Ausstellung gezeigte BAT-Petroleumkocher wird als Alternative zu Gas- oder Benzinkochern offeriert.

› Der abfallende Untergrund stört nur am Anfang: An der Talsperre Pöhl in Sachsen haben 1970 Camper ihre Zelte in Ufernähe aufgebaut.

Hansi muss mit – nicht nur Kind und Kegel sind dabei, als 1986 auf dem Radeburger Campingplatz Urlaub gemacht wird. Auch der Wellensittich ist mit von der Partie.

Schon jemand wach? Durch einen Spalt am Eingang wird erst einmal sondiert, wie das Wetter ist und ob die Nachbarn bereits Kaffee gekocht haben.

‹ Der Klapptisch als Wickelkommode: 1979 wickelt eine junge Mutter ihr Baby auf einem Campingtisch. Für echte Camper gibt es kein Mindestalter.

⌄ Lass die Sonne rein: Bei längeren Aufenthalten stauben auch die Fenster ein. Da lohnt es sich, ab und zu für klare Verhältnisse zu sorgen.

Auf dem Weg in den Urlaub: Mit Lada und Wohnwagen geht es am frühen Morgen in die großen Ferien. Im Urlaub hat jede Minute auf dem Campingplatz Erholungswert.

Schichtwechsel: Die einen treten den Heimweg an, die anderen sind kurz davor, das Urlaubsziel zu erreichen. Im Sommer 1987 gehören Gespanne zum Straßenbild.

Die Flimmerkiste ist immer dabei: Mitte der 80er-Jahre halten tragbare Fernseher Einzug auf den Campingplätzen. Die Lieblingssendung wird nicht mehr verpasst.

Das kleine Glück am Wochenende: Ein Dauercamper hat sich auf seiner Veranda häuslich eingerichtet. Mit einem kühlen Bier lässt es sich im Schatten aushalten.

‹ In der Abenddämmerung hat sich dieses Paar auf die Luftmatratze im Zelt zurückgezogen. Beim Zelten kommt man sich näher – trotz dünner Zeltwände.

⌄ Neugierde als Zeitvertreib: Bestimmt hat dieser Hobby-Ornithologe nur die Vogelwelt der Ferienregion im Blick – und nicht die schöne Nachbarin.

⌄ Flirten erlaubt: Auf einem Campingplatz in Neubrandenburg werden 1974 Kontakte geknüpft. Ob die Einladung auf einen Eisbecher wohl angenommen wird?

› Da staubt nichts ein: Das Zelt ist aufgebaut, der Wagen mit einer Plane geschützt. Für die abendliche Unterhaltung sorgt 1985 ein Kofferfernseher.

‹ Einfache Verhältnisse: Der Waschplatz auf diesem Campingplatz bei Berlin besteht aus einer Wasserschüssel und dem typischen Seifenbeutel.

› Grundversorgung: Wenn der Kiosk öffnet, bildet sich schnell eine lange Schlange. Auf dem Radeburger Zeltplatz decken sich 1985 Camper mit Lebensmitteln ein.

❮ Umzug mit vereinten Kräften: Das Zelt stand bereits, doch dann bot sich ein besserer Platz an. Am Seddinsee tragen Urlauber ihr Zelt zum neuen Standort.

⌄ Schon 1978 mit allen Programmen ausgestattet: Um einen besseren Fernsehempfang zu ermöglichen, wird die Antenne an einem Baum befestigt.

‹ Trockenübung: Ganz uneigennützig bietet der junge Mann nach dem Bad seine Hilfe beim Abtrocknen an. Es soll ja kein Tropfen unentdeckt bleiben.

⌄ Planschen macht nass: Die große Badewanne Ostsee zieht 1978 unzählige Urlauber an. In Heringsdorf testen Wasserratten ihre Luftmatratze auf Seetauglichkeit.

‹ Wassersport: Kanuten lassen sich flussabwärts treiben, während vor dem Eichler-Caravan die Kaffeezeit eingeläutet wird. Offizielle Zeltplätze sind 1956 rar.

› Hupen und laute Musik sind nicht erwünscht: Im Juni 1960 trifft sich der Deutsche Camping Club zu seiner ersten Rallye am Stocksee.

Große Eimer ersetzen die Waschmaschine, für den Kocher steht eine große Gasflasche bereit. Vier Wochen Urlaub an der Costa Brava sind 1960 eine Ausnahme.

Mit Blick nach drüben: Direkt an der Demarkationslinie werden im Juni 1961 auf einem Berliner Campingplatz die Zelte aufgeschlagen.

YOU ARE LEAVING
THE AMERICAN SECTOR
ВЫ ВЫЕЗЖАЕТЕ ИЗ
АМЕРИКАНСКОГО СЕКТОРА
VOUS SORTEZ
DU SECTEUR AMÉRICAIN
SIE VERLASSEN DEN AMERIKANISCHEN SEKTOR

‹ Der Klapptisch für den Wagen bringt den Komfort eines Flugzeugs ins Auto. Die Idee setzt sich nicht durch – vielleicht, weil der Kaffee beim Fahren überschwappt.

› Unterwegs-Koffer mit Kaffeemaschine: Auf der Ausstellung „Lederwarenindustrie und Marshallplan“ wird 1949 ein Picknick-Koffer für vier Personen vorgestellt.

‹ Mit Holzkohle zum Brathähnchen: Der 1960 präsentierte Campinggrill wird mit Holzkohle betrieben und macht die Feuerstelle überflüssig.

› Sonderangebot: Für 12,90 Mark wird 1987 der BAT Petroleumkocher des VEB Sturmlaternenwerk auf einer Campingausstellung angeboten.

‹ Leichtbau wird erschwinglich: 1957 werden Klappstühle und -liegen aus Aluminium vorgestellt. Das Gewicht von nur 3 Kilo ist leicht zu stemmen.

⌄ 1969 stellt Tabbert den kleinsten Wohnwagen des Caravan-Salons in Essen vor. Mit einer Länge von 3,60 Metern kann er auch von Kleinwagen gezogen werden.

T.E.C
LEV-XL

‹ Vorsicht, Traktor kreuzt: Auf den Wegen der Campingplätze haben spielende Kinder Vorrang. Mit Schrittgeschwindigkeit wird der Caravan zum Stellplatz gebracht.

˅ Mit dem Anhänger hinaus auf den See: Der schwimmfähige Autoanhänger aus dem Jahr 1957 wird von einem Außenbordmotor angetrieben.

⌄ Wiesengrund: Direkt am Main gelegen stellt der Campingplatz von Miltenberg 1987 ein beliebtes Ferienziel dar. An Sonnenplätzen besteht kein Mangel.

› Morgenstimmung über der Campinganlage bei Neckarsteinach in Hessen. Von den direkt am Ufer liegenden Stellplätze hat man einen prächtigen Blick auf den Fluss.

‹ Schnappschuss fürs Familienalbum: Ein holländisches Paar errichtet 1987 bei Miltenberg sein Zelt. Niederländische Camper gelten als besonders reisefreudig.

⌄ Keine Frage des Alters: Drei Generationen haben sich vor ihrem Hauszelt auf dem Campingplatz bei Laubach in Hessen versammelt. Camping hat für jeden etwas zu bieten.

Wintercamping sieht kälter aus als es ist. Schon 1971 kann der Schnee nicht schrecken: Tagsüber wärmt die Sonne und nachts kriecht man in den dicken Schlafsack.

Ruhpolding im Schnee: Bereits 1966 zählt der „Deutsche Camping Club“ rund 100.000 Übernachtungen auf speziell eingerichteten Wintercampingplätzen.

⌄ Ski und Rodel gut: 30 Familien campen zwischen Weihnachten und Neujahr in Baiersbronn-Obertal im Schwarzwald.

› Sonne am Nebelhorn: Bei Oberstdorf im Allgäu genießen Camper den frischen Schnee. Ende Februar 1969 sorgen die Wetterverhältnisse für Hochstimmung.

Rauchzeichen: Es dauert etwas, bis die Würstchen gar sind, doch Grillen steht hoch im Kurs. Auch am Nidda-Stausee bei Schotten im Vogelsberg.

Wasser marsch: Eine eigene Dusche ist 1962 der letzte Schrei auf der Internationalen Caravan-Ausstellung in London.

‹ Geduldig lässt sich die junge Dame 1961 am Knappensee bei Hoyerswerda Zöpfe flechten, dann geht es mit dem Gummischwan an den Strand.

⌄ Mit allen Raffinessen: Im Hamburger Park „Planten und Blomen“ werden im März 1958 neue Wohnwagen vorgestellt.

‹ Der Bart muss ab: Vor dem Schminkspiegel wird die Rasur absolviert. 1962 weisen die Sanitärhäuser der meisten Campingplätze noch schlichtes Niveau auf.

⌄ Ein Platz im Grünen für Zelt und Boot. Zelten gewinnt in den späten 50er-Jahren enorm an Beliebtheit. Und wenn es nur für ein Wochenende ist.

⌄ Unter dem Motto „Urlaubszeit – Sportbereit" wird in 1975 in Klink eine Urlauber-Olympiade abgehalten. Es starten die Läufer zur Freundschaftsmeile.

› Sylt ist eine Sünde wert: Der Campingplatz bei Westerland ist im Juli 1967 ausgebucht. In den 60er-Jahren boomt der Tourismus auf der nordfriesischen Insel.

NORDGAS
SE
ED 25

Das große Treffen: Mehr als 2000 Camper aus 21 Nationen versammeln sich im August 1962 bei Ruhpolding zum Weltkongress der Campingfreunde.

1966: Trotz des schlechten Wetters ist das Pfingsttreffen der Zelt- und Wohnwagenfreunde im ADAC Südbayern in Reit im Winkel ein Erlebnis.

‹ Klappe auf für den Zeltcaravan: 1954 wird dieser Faltwohnwagen auf einer Ausstellung in Düsseldorf vorgestellt. Noch heute hat diese Bauart viele Freunde.

⌄ Mit Uferlage und Alpenblick besticht der Campingplatz am Seehamer See bereits im Jahr 1963. Bayern gehört über Jahre zu den Favoriten deutscher Camper.

‹ Ein kleiner Benzinkocher reicht in den frühen 70er-Jahren zum Kochen völlig aus, die Gewürze sind in verschließbaren Kunststoffflaschen abgefüllt.

⌄ Im Bann der Berge: Alpines Panorama bestimmt das Bild auf dem Campingplatz Allweglehen bei Berchtesgaden. Ein schönes Ziel für den Sommerurlaub 1976.

‹ „Gut versorgt durch HO-Gaststätte Intercamping“: Das Lokal auf dem Campingplatz am Krossinsee bei Berlin bietet 1988 auch kleine Mahlzeiten an.

⌄ Camper erobern den Kontrollpunkt Dreilinden: Nach der Schließung des Berliner Interzonen-Kontrollpunkts 1969 entsteht hier ein Campingplatz.

Volkssport Burgen bauen: Aus Sand und Wasser werden an jedem Strand „Kleckerburgen“ errichtet. Stundenlang sind Väter und Kinder so beschäftigt.

Die Post ist da: Im September 1972 nehmen Urlauber auf dem Campingplatz Boek Zeitungen und Briefe in Empfang. Postkarten werden beim Fahrer abgegeben.

‹ 50 Bands und eine unübersehbare Anzahl von Zelten: Das Highfield-Festival in Störmthal gilt als das größte Indie-Rock-Festival in den neuen Ländern.

⌄ Spaß muss sein am Niederrhein: Auf der Männertoilette des Campingplatzes auf der Grav-Insel bei Wesel wird 2012 zur „Abfalltrennung" aufgerufen.

Schnell ist die Hütte aufgebaut, auch wenn nur eine Person am Werk ist. Den Aufnahmen aus dem Jahr 1968 zufolge eine entspannte Angelegenheit.

Ungewöhnlicher Besuch: Zwischen den Strandkörben des Ferienheims Klink hat sich 1984 eine Schar Schwäne eingefunden. Ob die Urlauber etwas zum Füttern dabeihaben?

Bildnachweis

Alle Bilder wurden über die picture alliance zur Verfügung gestellt. Nachfolgend der detaillierte Bildnachweis:

ADN 37,38
akg 50, 51, 85, 87, 115, 149, 151-154
ansa 22, 41
Benno Bartocha 79, 88, 96-101, 114, 129, 150, 156-159, 194, 195, 222, 232, 233, 236
Berliner Verlag/Archiv 20, 86, 142, 145, 176-193, 196, 203, 230, 237, Vorsatz
Bernd Gurlt 23
Bernd Wüstneck 9
Bernhard Frye 226
Bodo Marks 136, 137, 141
Britta Pedersen 162
Brunk 32
CAMP 131, 133
David Ebener 130
DB 21, 28, 40, 44
ddrbildarchiv 8, 75 ,78, 113, 121,122, 125
Eberhard Klöppel 81, 82
Ernst Feix 208, 210
euroluftbild.de 161, 175
Florian Profitlich 106, 107
Georg Göbel 24, 66, 67
Georg Goebel 200, 207, 213, 225
Georg Spring 13
Gerhard Rauchwetter 227
Gerhard Sommer 25
Gerig 53
Göbel 34, 45, 46
Günter Bratke 15, 199,231
Harry Flesch 214
Hartmut Reeh 206, 229
Heinz-Jürgen Göttert 69, 164, 198, 202, 228
Helmut Müller-Jim 215
Hendrik Schmidt 110
Herbert Bögel 36
Hilde u. Karl-Heinz Hock 18
Horst Ossinger 26
Horst Sturm 60, 61, 73, 74
Ingo Wagner 140
Jens Büttner 134
Jochen Lübke 139
Jürgen Diener 62
Jürgen Sindermann 89-95, 123
Karl Schnörrer 148
Karl-Heinz Brunk 211, 216
Katharina Heyne 43
Klaus Heirler 220, 224
KNA 42
Kurt Röhrig 29, 84
Lothar Heidtmann 219
Lutz Knauth 234
Manfred Uhlenhut 120
Marc Müller 160
Marc Suski 10, 11, 116-118, 127
Marcus Thelen 52
Markus C. Hurek 165, Nachsatz
Martin Schutt 135
Max Nikelski 166

PIGEONGAZ

Impressum

Unser komplettes Programm:
www.bucher-verlag.de

Produktmanagement: Martin Distler
Redaktion: Marc Roger Reichel
Satz und Layout: Silke Schüler, München
Repro: Repro Ludwig, Zell am See
Umschlaggestaltung: Jarzina Kommunikationsdesign, Holzkirchen unter Verwendung von Bildern von picture-alliance, akg-images, Guenter Rubitzsch (Cover) bzw. CAMP (Rückseite)
Herstellung: Anna Katavic

Gesamtherstellung:
GeraNova Bruckmann Verlagshaus GmbH

In Kooperation mit
pa·picture alliance
Ein Unternehmen der dpa-Gruppe

Bucher Verlag
Lektorat
Postfach 40 02 09
D-80702 München
E-Mail: lektorat@bucher-verlag.de

Die Deutsche Nationalbibliothek verzeichnet diese Publikation in der Deutschen Nationalbibliografie; detaillierte bibliografische Daten sind im Internet über http://dnb.d-nb.de abrufbar.

ISBN 978-3-7658-2030-4